AF313722

ARRESTS

DU CONSEIL D'ESTAT

DU ROY,

Qui ordonnent l'execution dans les Port & Ville de Dunquerque, des Edits, Declarations, Arrefts & Reglemens concernant le commerce de la Compagnie des Indes, & notamment le Privilege exclufif de l'Introduction & de la Vente du Café dans le Royaume.

Des 29. Novembre 1729. & 17. Janvier 1730.

A PARIS,

DE L'IMPRIMERIE ROYALE.

M. DCCXXX.

ARREST

DU CONSEIL D'ESTAT
DU ROY,

Qui ordonne l'execution dans les Port & Ville de Dun-
querque, des Edits, Declarations, Arrests & Reglemens
concernant le commerce de la Compagnie des Indes, &
notamment le Privilege exclusif de l'Introduction & de
la Vente du Café dans le Royaume.

Du 29. Novembre 1729.

Extrait des Regiſtres du Conſeil d'Eſtat.

VU au Conſeil d'Eſtat du Roy les Memoires preſentez
à Sa Majeſté, au ſujet de la Saiſie faite le premier
Septembre 1729. ſur le S.ʳ Vanhée Negociant de la
Ville de Dunquerque, de Cinq cens trente-ſix Balles de
Café qui y avoient eſté déchargées le 22. Juin precedent,
venant d'Alexandrie ſur le Mercure Navire Hollandois:
Le premier deſdits Memoires donné au nom des Magiſtrats & de la Chambre du commerce de Dunquerque,
contenant que par Declaration du mois de Novembre
1662. ladite Ville ayant eſté maintenüe dans tous les

Droits, Privileges & Franchifes dont elle joüiffoit auparavant, il fut permis à tous Negocians, de quelque nation qu'ils puffent eftre, d'y aborder en fûreté, & d'y vendre leurs Marchandifes franchement, & quittement de tous Droits d'entrée, Foraine, Domaniale & autres, fans exception ni referve; dans laquelle franchife ladite Ville, fes Port & Havre avoient efté confirmez, tant par Edit du mois de Fevrier 1720. que par les Arrefts & Declaration des années 1716. 1718. & 1722. Qu'en cet eftat les Dunquerquois, autant exclus du commerce de France que les Hollandois & les Anglois, non feulement avoient joüi de la liberté de negocier par Mer avec l'Eftranger, mais encore eftoient en droit & en poffeffion de recevoir dans Dunquerque, Ville reputée eftrangere, les Marchandifes qui y eftoient apportées de la nature de celles dont l'entrée & la confommation font generalement prohibées dans les autres Villes du Royaume; enforte que la franchife de leur Port feroit anéantie fans reffource, fi l'injufte faifie faite en vertu des Privileges de la Compagnie des Indes fur les ordres furpris de la Cour, venoit à eftre tolerée : Qu'une telle entreprife, qui n'a pour appuy que la deffenfe faite par la Declaration de Sa Majefté du 10. Octobre 1723. fous diverfes peines à tous Marchands François & Eftrangers de faire entrer aucuns Cafez dans l'eftenduë du Royaume, n'auroit pas efté tentée par ladite Compagnie, fi elle avoit fait attention aux termes des Declarations & Edits donnez en leur faveur pour la maintenuë & confirmation de leurs Privileges : Qu'en effet ladite Declaration de 1723. eftant un Reglement general, dans lequel il n'y a nulle dérogation expreffe par rapport à Dunquerque, c'eftoit vifiblement en faire abus, que de s'en prévaloir au préjudice des Privileges d'une Ville eftrangere pour fon commerce, & de vouloir y eftendre une prohibition dont

5

elle eſt affranchie à titre ſingulier : Qu'ils ſont ſur ce
fondez en exemple par la diſpoſition de l'Edit même
du mois de Fevrier 1700. confirmatif de leurs Privileges,
lequel entre autres choſes annulle, à leur égard, les Arreſts
des 9. Novembre 1688. 4. Octobre 1691. & 29. Janvier
1692. Que c'eſt ainſi, qu'à cauſe des Droits particuliers
dont ils joüiſſent, un grand nombre d'autres Arreſts generaux concernant les Etoffes des Indes, le Tabac, & autres Marchandiſes prohibées, n'en ont jamais interrompu
le commerce dans la Ville de Dunquerque, quoyque deffendu en general dans le Royaume ; Qu'il en eſt de même
du Reglement de 1702. pour les Marchandiſes prohibées
qui ſe trouvoient dans les priſes faites en Mer, & notamment de l'Arreſt du 10. Juillet 1703. qui avoit ordonné la levée d'un Droit de vingt pour cent, accordé
à la Chambre du commerce de Marſeille, ſur toutes les
Marchandiſes du Levant, à la perception duquel Droit
il eſtoit permis à ladite Chambre de commettre des Con-
trolleurs dans les autres Ports du Royaume, pour tenir
Regiſtre des Marchandiſes qui y auroient eſté apportées
ſans avoir eſté priſes à Marſeille ; en ce que les fonctions
du Controlleur eſtabli à Dunquerque furent reſtraintes
à la Baſſe-ville : Qu'ils n'entendent pas s'oppoſer à un
pareil eſtabliſſement, par rapport à l'exercice prétendu
du Droit de la Compagnie des Indes ſur le Café, ſans
néantmoins qu'elle puiſſe l'eſtendre au de-là dans une
Ville franche telle que Dunquerque, dont le commerce,
par l'inſpection que ladite Compagnie prétend avoir ſur
le Café, & par la faculté de le ſaiſir, ſouffriroit une atteinte infiniment plus ruïneuſe. Qu'en joignant à tout
ce que deſſus les circonſtances particulieres des faits, ils
ont d'autant plus de confiance qu'il plaira à Sa Majeſté
anéantir la ſaiſie dont il s'agit, que bien loin qu'il puiſſe
eſtre imputé par la Compagnie des Indes aucune mauvaiſe

foy ni démarche clandeſtine, le Maiſtre du Vaiſſeau qui a apporté les Cinq cens trente-ſix Balles de Café, en a fait ſa declaration au Greffe de l'Amirauté, la décharge en a eſté faite publiquement, & la vente indiquée par affiches repanduës dans le Royaume, envoyées en Hollande & ailleurs, & placardées dans Dunquerque; Tous devoirs faits & rendus ſur la foy de la franchiſe du **Port de Dunquerque**, & ſur la liberté dont ſes habitans ont toûjours joüi de trafiquer en toutes ſortes de Marchandiſes, nulles exceptées: Qu'enfin pour preuve déciſive de l'exercice actuel de leur Privilege, même par rapport au Café, les Negocians de Marſeille eſtant aſtreints à ne pouvoir diſpoſer des Cafez qu'ils y font venir, ſi ce n'eſt en faveur de la Compagnie des Indes, ou en les envoyant à l'Eſtranger, ils en chargent très ſouvent par Mer pour Dunquerque, ſans que juſqu'icy ladite Compagnie s'y ſoit oppoſée; ce qui juſtifie pleinement le fait qu'ils ont avancé, que la Ville de Dunquerque eſt autant eſtrangere en France pour le commerce, que la Hollande & l'Angleterre. Par tous leſquels moyens leſdits Magiſtrats, & la Chambre du commerce de Dunquerque, requeroient main-levée du Café ſaiſi, en conſequence que toute faculté fût accordée au S.ʳ Vanhée Negociant de ladite Ville, ſur qui la ſaiſie avoit eſté faite, d'en diſpoſer comme bon luy ſembleroit. Le ſecond deſdits Memoires preſenté au nom du Sieur Andrioli ſujet de l'Empereur, comme eſtant né dans l'Eſtat de Milan, demeurant à Amſterdam, qui ſe ſeroit declaré proprietaire des Cinq cens trente-ſix Balles de Café apportées d'Alexandrie à Dunquerque ſur le Navire le Mercure, arrivé à la rade dudit Port le 22. Juin dernier, commandé par le Capitaine Auche-volkers Hollandois, contenant ſa demande en reclamation dudit Café, comme luy appartenant, au moyen de ce que la Saiſie qui en avoit eſté faite le premier Septembre ſuivant fur le Sieur Vanhée fon correfpondant à Dunquerque, eftoit contraire aux Privileges de ladite Ville; & ce par les raifons au long détaillées dans le Memoire de la Chambre du commerce de la même Ville, cy-devant expliquées: Ajouftant ledit Sieur Andrioli, que la conduite qu'il avoit prefcrite audit Capitaine, de s'adreffer à fondit Corref-pondant pour fçavoir des Officiers de l'Amirauté fi le Café dont eft queftion pourroit eftre admis dans Dun-querque, la permiffion de le décharger expediée en con-féquence par lefdits Officiers, la declaration au Greffe de l'Amirauté, l'indication folemnelle de la Vente, & toutes les autres formalitez obfervées, prouvoient de fa part une pleine & entiere affûrance en la foy publique; ce qui authorifoit la revendication de fes Effets faifis, & avoit donné lieu à l'intervention des Miniftres de l'Em-pereur en faveur de la jufte demande dudit Sieur Andrioli fujet de leur Maiftre: Pour juftifier de laquelle proprieté, ledit S.ʳ Andrioli a rapporté fept Pieces communiquées à la Compagnie des Indes, dont la premiere du 24. Decem-bre 1728. eft une Reconnoiffance datée d'Alexandrie fignée Bruni, Morin & Truilhard, portant qu'ils ont reçû du S.ʳ Auche-volkers Capitaine de la Fregate le Mercure les fommes y mentionnées, que les Sieurs Gabbuin & Galli de Cadix luy avoient confignées, pour eftre par lefdits Sieurs Bruni, Morin & Truilhard employées fuivant les ordres des Sieurs Andrioli & Compagnie d'Amfterdam: La deuxieme du 17. Janvier 1729. eft une autre Recon-noiffance defdits Sieurs Bruni & autres cy-deffus nommez, de differentes Marchandifes à eux remifes par ledit Ca-pitaine, pour eftre par eux venduës, & le prix en eftre employé en achat de Café pour le compte defdits Sieurs Andrioli & Compagnie: La troifieme du 20. Mars 1729. eft le Connoiffement de fept cens foixante-douze Balles de Café chargées fur ledit Navire pour le compte & rifque de

A iiij

la même Compagnie : La quatrieme eſt un autre Connoiſ-
ſement de quatre-vingt-neuf petits Ballots de Café, auſſi
pour le compte de la même Compagnie : La cinquieme
eſt la Requeſte du Sieur Vanhée correſpondant du Sieur
Andrioli, preſenté au Lieutenant general de l'Amirauté,
pour obtenir la permiſſion de faire entrer ledit Navire
dans la rade de Dunquerque, & l'Ordonnance expediée
en conſequence pour eſtre ledit Navire conduit dans
ladite rade : La ſixieme eſt le Procès-verbal du 22. Juin
1729. dreſſé par les Officiers de l'Amirauté, contenant
l'examen des patentes de ſanté, & autres formalitez ob-
ſervées, enſemble la permiſſion accordée de décharger
telle quantité de Café que ledit Capitaine trouvera à
propos : La ſeptieme & derniere, eſt le rapport fait par
ledit Capitaine à l'Amirauté de Dunquerque, de tout ſon
voyage, par lequel il paroît que ledit Navire le Mercure
appartient aux Sieurs Andrioli & Compagnie, & qu'il a
ſuivi leurs ordres dans tout le cours de ſa navigation. Le
troiſieme & quatrieme deſdits Memoires donnez pour
réponſe aux deux precedens par la Compagnie des Indes ;
ledit troiſieme Memoire contenant, que pour oppoſer
avec plus de force & d'effet le Privilege excluſif de ladite
Compagnie, concernant l'introduction & la vente du
Café dans le Royaume, aux pretendus Privileges de Dunquerque ſur le fait dont il s'agit, la voye la plus ſimple
d'en faire connoître à Sa Majeſté l'extrême difference, eſt
de renfermer d'abord dans leurs juſtes bornes, les Droits,
Privileges & Franchiſes de la Ville de Dunquerque, dont
le titre primordial & unique eſt la Declaration du mois
de Novembre 1662. rendue après que cette Ville eut eſté
acquiſe par la France, & réünie au Royaume : Qu'inuti-
lement les Magiſtrats & la Chambre du commerce de
Dunquerque reclament l'Edit de 1700. qui ne contient
d'autres diſpoſitions que l'eſtabliſſement d'une Juriſdiction

Confulaire, & d'une Chambre de commerce à Dunquerque; qu'à la verité par Arreft du 30. Janvier precedent,
fur lequel auroit efté expediée la Declaration du 16.
Fevrier de la même année, l'execution de la Declaration
de 1662. fut ordonnée; mais que cela n'ajoûtoit rien au
titre primitif, bien moins encore les Arrefts de 1716.
1718. & 1722. puifqu'à l'égard des deux premiers, il y
eft donné atteinte en deux cas differens aux Privileges
de ladite Ville, en la maintenant au furplus dans fa franchife, & que le dernier, cité improprement dans le Memoire de Dunquerque comme Declaration, & daté du
13. Octobre 1722. n'a pour objet que la diftinction des
Marchandifes du crû ou fabrique du Royaume, d'avec
celles tirées du Pays eftranger, fortant de Dunquerque
pour la confommation de la Flandre Françoife relative-
ment au payement des Droits; qu'en rappellant donc les
Privileges de Dunquerque à leur principe, deux raifons ;
l'une generale & l'autre particuliere, fourniffent la caufe
des variations aufquelles cette Ville s'eft vû juftement
affujettie; la premiere fondée fur la difference qui fe
trouve entre un traité d'un peuple libre, qui fe foûmet à
un Souverain à de certaines conditions qui les lient ref-
pectivement, & une conceffion qui émane de la feule
volonté & beneficence du Prince : Que la Ville de
Dunquerque fe trouvant dans le dernier cas, le Roy a
pû felon les temps & les circonftances, par des motifs
d'utilité dans l'ordre general du Commerce, ou par
d'autres raifons d'Eftat, eftendre ou reftreindre les Privileges de ladite Ville dans les occafions où Sa Majefté l'a
jugé neceffaire : La feconde raifon tirée de la fubftance
même de la Declaration de 1662. & des conditions y
renfermées, en ce qu'en maintenant la Ville de Dunquerque & fes Habitans dans tous les Droits & Privileges
dont ils joüiffoient auparavant, il fut par claufe expreffe

A v

enjoint aux Marchands & Negocians qui viendroient s'y habituer, *de garder les Statuts & Reglemens qui eſtoient ou ſeroient faits pour le fait du Trafic & Negoce, avec peine contre les contrevenans de demeurer déchûs des Privileges portez par ladite Declaration;* ce qui rendant cette franchiſe conditionnelle à leur égard, devoit à bien plus forte raiſon aſſujettir les Marchands & Negocians ſujets naturels à tous les changemens qu'il paroîtroit convenable d'y apporter. Que la preuve de ceux qui eſtoient arrivez juſqu'à la fin de l'année 1699. ſe tire de l'aveu même des Magiſtrats, Negocians & Habitans de ladite Ville, dans leur Requeſte inſerée en l'Arreſt du 30. Janvier 1700. ſur lequel la Declaration du 16. Fevrier ſuivant, portant reſtabliſſement des Franchiſes & Privileges contenus en la Declaration de 1662. fut expediée. Qu'en effet il avoit eſté eſtabli differens Droits à toutes les entrées du Royaume par Mer & par Terre, même dans le Port de Dunquerque, ſur des Marchandiſes venant des Pays eſtrangers, tant par les Arreſts des 20. Decembre 1687. 4. Octobre 1691. 29. Janvier, 26. Fevrier, 3. Juillet & 28. Octobre 1692. que par l'Article III. du Tarif arreſté le 8. Decembre 1699. entre la France & la Hollande, en execution du Traité de commerce conclu à Riſwick. Que depuis la Declaration du 16. Fevrier 1700. il avoit encore eſté fait d'autres variations, & eſtabli d'autres Droits, les uns ſur des Marchandiſes venant pareillement de l'Eſtranger, par Arreſts des 30. Novembre 1700. 28. Octobre 1713. 22. Septembre 1714. & 24. Juin 1716. les autres qui ne regardent point le commerce eſtranger, par les Arreſts des 16. Aouſt 1716. & 22. Janvier 1718. quoyque citez par la Chambre de Dunquerque, comme portant confirmation des Privileges de la même Ville. Que pour ce qui concerne les Marchandiſes du Levant, dont le commerce, par des motifs superieurs à toutes autres considerations, est en quelque maniere affecté à la Ville de Marseille, s'il pouvoit estre seulement presumé que la Declaration de 1700. donnée en faveur de la Ville de Dunquerque, l'eût restablie, par rapport ausdites Marchandises, dans ses franchises portées par la Declaration de 1662. quoyque détruites à cet égard par l'Edit de 1669. & par differens Arrests des 9. Aoust 1670. 15. Aoust 1685. & 3. Juillet 1692. rendus au profit de la Ville de Marseille, il demeureroit du moins pour constant que l'Arrest du 10. Juillet 1703. qui restablit Marseille dans toutes les exemptions & franchises portées par l'Edit de 1669. & les Arrests subsequens, auroit anéanti de nouveau, à l'égard des Marchandises du Levant, ces mêmes Privileges & Franchises de Dunquerque renouvellez par la Declaration de 1700. Qu'independamment des differentes dispositions qui en ont restraint & limité l'exercice, ils n'ont pû avoir lieu pour les Marchandises dont l'entrée & la sortie ont esté deffendües dans toute l'estendüe du Royaume, notamment pour certaines Marchandises du crû & fabrique d'Angleterre, & Pays en dépendans, tant par l'Ordonnance de 1687. que par differens Arrests sur ce intervenus : De toutes lesquelles preuves il résulte qu'avant & depuis l'année 1700. les Privileges de Dunquerque ne se sont pas maintenus dans leur premiere integrité; que ses Habitans n'ont pas eû la liberté de tout commerce avec l'Estranger, & que leur franchise ne s'estend pas jusqu'à pouvoir introduire dans leur Port toutes Marchandises generalement prohibées dans les autres Ports du Royaume. Que quant au fait particulier des Privileges de la Compagnie des Indes concernant son commerce, & notamment de son Privilege exclusif touchant l'introduction & la vente du Café dans le Royaume, fesdits Privileges sont fondez sur des titres incontestables;

A vj

sçavoir, la Declaration de 1664. portant establissement de la Compagnie Orientale, l'Edit du mois de May 1719. donné en faveur de la nouvelle Compagnie des Indes, l'Arrest du 31. Aoust 1723. qui luy accorde specialement le Privilege exclusif du Café, la Declaration du 10. Octobre suivant, touchant le même Privilege, & l'Edit du mois de Juin 1725. qui les confirment tous. Que par la Declaration de 1664. & l'Edit 1719. le commerce du Café, comme Marchandise des Indes, a esté interdit à tout le Royaume, & par consequent à la Ville de Dunquerque. Que si, comme Marchandise du Levant, ce commerce a esté tantost expressément deffendu, permis en d'autres temps pour le Café venant de Marseille, & dans les mêmes temps assujetti au payement du Droit de vingt pour cent de la valeur, soit que la Marchandise vinst à droiture du Levant à Dunquerque, soit qu'elle y fût apportée après avoir esté entreposée aux Pays estrangers, conformement aux Arrests des 3. Juillet 1692. 12. May 1693. & 10. Juillet 1703. en supposant que les choses subsistassent encore sur le même pied, le Droit de vingt pour cent seroit dû à la Chambre du commerce de Marseille pour raison du Café saisi à Dunquerque, qui y a esté apporté d'Alexandrie. Mais que l'Arrest & la Declaration de 1723. de même que l'Edit de 1725. forment à cet égard un droit nouveau pour establir de la maniere la plus authentique le Privilege exclusif de la Compagnie des Indes : Que suivant les Articles II. & VII. de la Declaration de 1723. la Compagnie des Indes a seule le Droit de l'introduction & de la vente du Café dans le Royaume, avec deffense à tous Marchands François & Estrangers, & toutes Personnes autres que ladite Compagnie, d'en faire entrer par Terre ou par Mer dans l'estendüe du Royaume à peine de confiscation : Qu'il est vray que pour le Café seul du Levant, l'Article VIII. de cette

Declaration porte une exception, mais qu'elle se reduit au seul Port de Marseille, en sorte que la deffense generale de l'introduction dans le Royaume, portée par l'Article precedent, ne regarde pas moins la Ville & les Negocians de Marseille que les autres Villes, & tous autres Marchands François & Estrangers; ce qui se prouve invinciblement par l'Article IX. qui renferme tout l'avantage de Marseille par rapport au Café du Levant, dans l'option de le vendre à la Compagnie des Indes, ou de l'envoyer par Mer à l'Estranger, & ce mot *Estranger* s'explique dans l'Article XI. par ces mots *hors du Royaume* : Que si la Ville de Marseille en veut introduire par Terre, ce ne peut estre que sur les permissions de la Compagnie, qui luy fait part de son Privilege, moyennant vingt sols par livre pesant, ce qu'elle est en droit de faire, en consequence de l'Edit de 1725. qui luy permet (Article VIII. & X.) d'exercer ledit Privilege comme chose à elle appartenante en pleine proprieté : Qu'ainsi, quelque opinion qu'ait la Ville de Dunquerque, d'estre aussi Estrangere dans le Royaume que l'Angleterre & la Hollande, tout commerce de Café, même du Levant, estant deffendu entre Marseille & toute autre Ville du Royaume, même Dunquerque, & la prohibition estant generale pour tous les Ports du Royaume, à l'exception de celuy seul de Marseille, on ne peut douter que le transport des balles de Café dont il s'agit, au Port de Dunquerque, ne soit une manifeste contravention. Qu'après avoir ainsi establi les Privileges & les Droits de la Compagnie des Indes, la Réponse aux objections faites contre ses Titres par le Memoire des Magistrats & de la Chambre du Commerce de Dunquerque devient facile : Que ce n'est en effet qu'un vain pretexte pour éluder la loy, d'alleguer, comme ils font, que la Declaration de 1723. estant un Reglement general, n'a pû comprendre

Dunquerque, parce qu'elle ne contient point de dérogation expresse aux Privileges de cette Ville, qui est estrangere par rapport à son commerce. D'où ils pretendent qu'il s'ensuit que la Declaration ne faisant nulle mention de Dunquerque, n'y doit pas estre executée. Que quelquefois à la verité, on déroge expressement dans les Reglemens generaux aux Privileges d'une Ville libre, comme on a dérogé à celuy de Dunquerque dans les Arrests des 9. Novembre 1688. 4. Octobre 1691. 29. Janvier & 3. Juillet 1692. 30. Novembre 1700. 16. Aoust 1716. 22. Janvier 1718. & par le Tarif du 8. Decembre 1699. mais que quelquefois aussi, sans y déroger nommément, les dérogations tacites & par induction ne sont pas moins décisives. Qu'en general, ne permettre l'entrée que par un tel Port, c'est la deffendre aussi expressement dans tous les autres, que s'ils estoient tous dénommez : Que la permettre par un tel Port, & la deffendre par tous les autres, c'est n'accorder le Privilege de l'entrée qu'au seul Port désigné. Que tout ce qui est ordonné ou deffendu, soit à toutes les entrées, soit à toutes les sorties du Royaume, dans le Royaume, dans toute l'étendüe du Royaume, comprend les Villes reputées Estrangeres & les plus libres qui font partie du Royaume, s'il n'y a exemption ou reserve expresse en leur faveur, comme les Magistrats, Negocians & Habitans de Dunquerque en sont eux-mêmes convenus dans leur Requeste inserée en l'Arrest du 30. Janvier 1700. Qu'en appliquant un raisonnement si sensible aux dispositions de la Declaration de 1723. on voit que la deffense de faire aucun commerce de Café y est expresse pour toute l'étendüe du Royaume; & que si la Ville de Marseille a esté soustraite de cette deffense generale, ce n'est que par l'exception formelle faite en sa faveur, exception qui fortifie le moyen de la Compagnie des Indes contre Dunquerque, puisque le silence que

la loy a gardé à fon égard , produit neceffairement
pour fon Port & fa Ville une exclufion égale à celle des
autres Ports du Royaume ; qu'ainfi, quand même la
Compagnie negligeroit de fe prevaloir de ce que Dunquerque eft par la Declaration de 1662. (feul Titre de fa
franchife) affujettie formellement à tous les Statuts &
Reglemens pour le fait du commerce, & de tirer avantage de l'execution des Reglemens generaux dans la même
Ville , autant de fois qu'il ne s'y eft point trouvé d'exception en fa faveur, tous les termes de la Declaration de
1723. condamnent Dunquerque, & la reduifent dans la
condition de toutes les autres Villes du Royaume, dont
celle de Marfeille eft feule exceptée ; Que les exemples
tirez de l'inexecution de quelques Arrefts & Reglemens
generaux dans Dunquerque ne peuvent eftre d'aucune
autorité contre un titre tel que la Declaration de 1723.
Que ceux qu'ils tirent des Arrefts du 20. Juin 1702. &
10. Juillet 1703. le premier concernant les marchandifes
prohibées qui provenoient des prifes faites en Mer, &
l'autre l'eftabliffement dans Dunquerque d'un Controlleur de la part de la Chambre du Commerce de Marfeille,
pour la perception du Droit de Vingt pour Cent accordé
à ladite Chambre fur toutes les Marchandifes du Levant,
ne font encore d'aucun fruit pour eux , parce qu'ils n'ont
point de rapport à la matiere dont il s'agit, & que les
Magiftrats & la Chambre du commerce de Dunquerque
n'auroient pas dû citer pour exemple celuy du commerce
du Tabac, puifqu'il n'eft deffendu que dans une partie
du Royaume, & dans l'eftendüe de la derniere Ferme ,
qui, outre diverfes Provinces exceptées, ne compre-
noit point celle de Flandre où la Ville de Dunquerque
eft fituée. Qu'à l'égard des circonftances particulieres
du fait en queftion, fi la declaration du Café faite à
l'Amirauté, l'introduction admife par des Officiers qu'on

ſuppoſe devoir eſtre inſtruits des Loix, une vente indiquée ſolemnellement, preſentent d'abord à l'eſprit une apparence de bonne foy; toutes ces précautions priſes dans une Ville, qui, quoyque ſituée en France, ſe porte pour eſtre auſſi eſtrangere que la Hollande & l'Angleterre, où l'on ne met aucunes bornes à la franchiſe de ſon Port, & dont les Habitans prétendent eſtre en droit de trafiquer en toutes ſortes de Marchandiſes (nulles exceptées) ne rendent pas la conduite qui a eſté tenüe, exempte de ſoupçon de fraude, ou du moins fourniſſent la préſomption fondée d'une tentative faite avec meditation, dont le ſuccès ſeroit d'autant plus dangereux, que par de ſemblables voyes les Loix du Royaume pourroient eſtre éludées par les Eſtrangers, & même ſous leur nom par les Sujets naturels. Que reveſtir un commerce en contravention, de tout ce qu'un commerce permis & licite admet de formalitez, & trouver des complices de ſa contravention, par inadvertance ou autrement, dans la perſonne de ceux qui devroient s'y oppoſer, ne ſont pas des raiſons qui diſculpent les Sujets naturels ou les Eſtrangers, ni qui puiſſent les exempter de la rigueur des Loix. Qu'en vain même les uns & les autres voudroient alleguer qu'ils les ont ignorées, puiſque tout Sujet naturel en doit eſtre inſtruit, & que quant aux Eſtrangers, tout Negociant qui veut commercer dans un autre Eſtat, doit connoiſtre particulierement les Loix qui regardent le commerce qu'il entreprend, n'eſtant pas moins tenu de s'y conformer, que le Sujet naturel; enforte que s'il s'agit d'un Port franc ou d'une Ville privilegiée, il doit ſçavoir quelle eſt l'eſtendüe de ſes Privileges & de ſes Franchiſes, dans quelles bornes ils ſont renfermez, & faire attention à tous les changemens qui peuvent y arriver. Que les Edits, Declarations & Reglemens eſtant des Actes publics & à la connoiſſance de tout le monde, tout prétexte d'ignorance à cet égard ne peut fervir d'excufe ni de raifon ; & que par conféquent le Maiftre du Vaiffeau le Mercure qui a apporté le Café d'Alexandrie à Dunquerque, les Officiers de l'Amirauté qui en ont reçû la declaration, & permis le dechargement, le Negociant à qui il a efté addreffé, qui fe propofoit d'en faire une vente publique, & le proprietaire, quel qu'il foit, Sujet ou Eftranger, qui en a ordonné l'envoy, ont tous également contrevenu aux Loix du Royaume, fans que nul d'entr'eux ait aucune deffenfe legitime à oppofer au droit inconteftable de la Compagnie des Indes fondé fur ces mêmes Loix, en vertu defquelles ladite Compagnie a demandé & obtenu des ordres pour la faifie des Cinq cens trente-fix Balles de Café faite à Dunquerque le premier Septembre 1729. fur le Sieur Vanhée Negociant de ladite Ville. Le quatrieme & dernier defdits Memoires donné pour Reponfe de la Compagnie des Indes à celuy du Sieur Andrioli, contenant que, quant à la queftion de droit fur le fonds & fur l'exercice de fon Privilege exclufif, elle perfiftoit dans tous fes moyens cy-deffus déduits, pour faire valoir fon Droit inconteftable pour l'introduction & la vente du Café dans le Royaume, contre les entreprifes de la Ville de Dunquerque & fes prétentions d'une franchife illimitée, & contre telle autre Ville prétendüe privilegiée, à l'exception de la feule Ville de Marfeille, qui a fa loy & fes conventions particulieres. Que pour ce qui regarde le fait, comme il paroift dans la conduite perfonnelle du Sieur Andrioli eftranger une fuite de bonne foy & de confiance, elle prend le parti, faifant ceder à cette raifon toutes celles qu'elle pourroit oppofer au contraire, & dans la circonftance où les Miniftres de l'Empereur interviennent pour ledit Sieur Andrioli fujet de leur Maiftre, de s'en rapporter à la fageffe & à la prudence de Sa Majefté & de fon Confeil. A ces Causes, Requeroit la

Compagnie des Indes, qu'il pluſt à Sa Majeſté ordonner l'execution, dans les Port & Ville de Dunquerque, des Edits, Declarations, Arreſts & Reglemens concernant ſon commerce, & notamment ſon Privilege excluſif touchant l'introduction & la vente du Café dans le Royaume : & en conſequence, declarer la ſaiſie des Cinq cens trente-ſix Balles de Café, faite dans la Ville de Dunquerque ſur le Sieur Vanhée Negociant de ladite Ville, bonne & valable ; ladite Compagnie ſe rapportant néantmoins à Sa Majeſté d'ordonner la main levée dudit Café revendiqué par le Sieur Andrioli ſujet de l'Empereur, comme luy appartenant, & de la proprieté duquel ledit Sieur Andrioli a juſtifié, le tout par grace, & ſans que dans aucun temps, ni en quelque cas que ce ſoit, ladite mainlevée puiſſe eſtre tirée à conſequence, ni donner atteinte au Privilege excluſif de ladite Compagnie ; comme auſſi à condition que le Sieur Andrioli fera paſſer ledit Café à l'Eſtranger ; que pour en juſtifier, & conſtater qu'il aura eſté réellement tranſporté & déchargé hors du Royaume, le Sieur Vanhée ſon correſpondant à Dunquerque ſera tenu de faire, en ſon propre & privé nom, ſa ſoûmiſſion d'en rapporter, dans tel temps qu'il plaira à Sa Majeſté d'arbitrer, Certificat du correſpondant de ladite Compagnie dans le lieu où ledit Café ſera envoyé & déchargé, à peine d'en payer la valeur à ladite Compagnie ; Et encore à la charge par ledit Sieur Vanhée, de payer & acquiter tous les frais faits à l'occaſion de la ſaiſie dudit Café ; & qu'au ſurplus ſera enjoint par Sa Majeſté à tous Juges & Officiers de Juſtice qu'il appartiendra, de la Ville de Dunquerque, de tenir la main, chacun en droit ſoy, à l'execution des Edits, Declarations, Arreſts & Reglemens concernant le commerce de la Compagnie des Indes, & notamment le Privilege excluſif de l'introduction & de la vente du Café dans le Royaume, ſous peine

d'interdiction defdits Juges & Officiers, même de deftï-
tution de leurs Charges, & fous telles autres peines qu'il
plaira à Sa Majefté d'ordonner. Le tout vû & confideré:
Oüy le Rapport du Sieur le Peletier Confeiller d'Eftat
ordinaire, & au Confeil Royal, Controlleur general des
Finances, LE ROY ESTANT EN SON CONSEIL,
a ordonné & ordonne l'execution dans les Port & Ville
de Dunquerque, des Declaration du mois d'Aouft 1664.
Edit du mois de May 1719. Arreft du 31. Aouft 1723.
Declaration du 10. Octobre fuivant, & Edit du mois de
Juin 1725. concernant le commerce de la Compagnie
des Indes, & notamment fon Privilege exclufif touchant
l'introduction & la vente du Café dans le Royaume; en
confequence declare Sa Majefté la faifie des Cinq cens
trente-fix Balles de Café, faite dans la Ville de Dunquerque fur Vanhée Negociant de ladite Ville, bonne & valable. Et néantmoins, ayant aucunement égard à la demande en revendication defdites Cinq cens trente-fix
Balles de Café, faite par Andrioli Sujet de l'Empereur, a
fait & fait main-levée de ladite faifie, par grace, & fans
que dans aucun temps, ni en quelque cas que ce foit,
ladite main-levée puiffe eftre tirée à confequence, ni
donner atteinte au Privilege exclufif de ladite Compagnie;
au moyen de laquelle main-levée ledit Vanhée correfpondant à Dunquerque dudit Andrioli, pourra difpofer
dudit Café fur les ordres dudit Andrioli, à condition
néantmoins de le faire paffer à l'Eftranger; à l'effet de
quoy, & pour certifier que ledit Café aura efté réellement
tranfporté & déchargé hors du Royaume, ledit Vanhée, en
fon propre & privé nom, fera fa foûmiffion d'en rapporter
dans le terme de quatre mois, à compter de ce jour, Certificat du correfpondant de la Compagnie des Indes, dans le
lieu où ledit Café aura efté envoyé & déchargé, à peine
de payer à ladite Compagnie la valeur dudit Café; &

encore à la charge par ledit Vanhée, de payer & acquiter
tous les frais faits à l'occasion de la saisie dudit Café.
Enjoint Sa Majesté à tous Juges & Officiers de Justice
qu'il appartiendra dans la Ville de Dunquerque, de tenir
la main, chacun en droit soy, à l'execution des Edits,
Declarations, Arrests & Reglemens concernant le commerce de la Compagnie des Indes, & notamment le
Privilege exclusif de l'introduction & de la vente du Café
dans le Royaume, sous peine d'interdiction desdits Juges
& Officiers, & même de destitution de leurs Charges.
Ordonne au surplus Sa Majesté, que le present Arrest sera
lû, publié & affiché dans la Ville de Dunquerque, & par
tout où il appartiendra. FAIT au Conseil d'Estat du Roy,
Sa Majesté y estant, tenu à Versailles le vingt-neufvieme
jour de Novembre mil sept cens vingt-neuf.

Signé BAÜYN.

ARREST

DU CONSEIL D'ESTAT DU ROY,

*Qui ordonne l'execution de celuy du 29. Novembre 1729.
concernant une saisie de Café à Dunquerque, & le
Privilege exclusif de la Compagnie des Indes pour l'Introduction, Vente & debit du Café dans le Royaume.*

Du 17. Janvier 1730.

Extrait des Registres du Conseil d'Estat.

LE ROY s'estant fait representer en son Conseil
l'Arrest rendu en iceluy le 29. Novembre 1729. par
lequel, en prononçant sur la contestation qui estoit entre

la

la Compagnie des Indes d'une part, & le Sieur Vanhée Negociant de la Ville de Dunquerque, correspondant du Sieur Andrioli sujet Milanois, Negociant à Amsterdam d'autre, au sujet d'une saisie de Cinq cens trentesix Balles de Café faite audit Dunquerque où elles estoient entrées par Mer, au prejudice du Privilege exclusif de ladite Compagnie des Indes, Sa Majesté auroit ordonné l'execution dans les Port & Ville de Dunquerque, des Declaration du mois d'Aoust 1664. Edit du mois de May 1719. Arrest du 31. Aoust 1723. Declaration du 10. Octobre suivant, & Edit du mois de Juin 1725. concernant le Commerce de ladite Compagnie des Indes, & notamment son Privilege exclusif touchant l'introduction & la vente du Café dans le Royaume ; & enjoint à tous Juges & Officiers de Justice qu'il appartiendroit dans la Ville de Dunquerque, de tenir la main, chacun en droit soy, à l'execution des Edits, Declarations, Arrests & Reglemens concernant le Commerce de la Compagnie des Indes, & notamment le Privilege exclusif de l'introduction & de la vente du Café dans le Royaume, sous peine d'interdiction desdits Juges & Officiers, même de destitution de leurs Charges. Et Sa Majesté estant informée que l'execution dudit Arrest pourroit donner lieu à quelques difficultez, s'il n'estoit registré aux Greffes des Amirautez; à quoy voulant pourvoir: Oüy le Rapport du Sieur le Peletier Conseiller ordinaire au Conseil Royal, Controlleur general des Finances, SA MAJESTÉ ESTANT EN SON CONSEIL, a ordonné & ordonne que l'Arrest rendu en iceluy le 29. Novembre 1729. concernant ladite saisie de Cinq cens trente-six Balles de Café saisies à Dunquerque sur ledit Vanhée, & le Privilege exclusif de la Compagnie des Indes pour l'introduction & la vente du Café dans le Royaume, sera executé selon sa forme &

B

teneur. Enjoint Sa Majeſté aux Sieurs Intendans &
Commiſſaires départis dans les Provinces, aux Officiers
des Amirautez, & à tous Juges & Officiers de Juſtice
qu'il appartiendra, tant dans la Ville de Dunquerque
qu'autres, de tenir la main à ce qu'il ſoit executé, non-
obſtant oppoſitions ou autres empeſchemens quelcon-
ques, dont ſi aucuns interviennent, Sa Majeſté ſe reſerve
& à ſon Conſeil la connoiſſance, icelle interdiſant à toutes ſes Cours & autres Juges. MANDE & ordonne Sa
Majeſté à Monſ.r le Comte de Toulouſe Amiral de
France, de tenir la main à l'execution du preſent Arreſt,
qui ſera regiſtré aux Greffes des Amirautez. FAIT au
Conſeil d'Eſtat du Roy, Sa Majeſté y eſtant, tenu à Ver-
ſailles le dix-ſeptieme jour de Janvier mil ſept cens trente.
Signé BAÜYN.

LE COMTE DE TOULOUSE
Amiral de France.

VÛ l'Arreſt du Conſeil d'Eſtat du Roy, cy-deſſus
à Nous adreſſé, avec ordre de tenir la main à ſon
execution : MANDONS & ordonnons aux Officiers des
Amirautez du Royaume, de le faire executer ſuivant ſa
forme & teneur, & de le faire enregiſtrer à leur Greffe,
lire, publier & afficher par tout où beſoin ſera, en la maniere accouſtumée. FAIT à Marly le cinq Fevrier mil
ſept cens trente. *Signé* L. A. DE BOURBON. *Et plus
bas* par ſon Alteſſe Sereniſſime. *Signé* LENFANT.

LOUIS, PAR LA GRACE DE DIEU, ROY
DE FRANCE ET DE NAVARRE, Dauphin
de Viennois, Comte de Valentinois & Dyois, Provence,
Forcalquier & Terres adjacentes : A nos amez & feaux
Conſeillers en nos Conſeils, les Sieurs Intendans &

Commiffaires départis pour l'execution de nos ordres dans les Provinces & Generalitez de noftre Royaume, aux Officiers des Amirautez, & à tous Juges & Officiers de Juftice qu'il appartiendra, Salut. Par l'Arreft de noftre Confeil du 29. Novembre 1729. cy-attaché fous le Contre-fcel de noftre Chancellerie, avec celuy cejour-d'huy donné en noftre Confeil d'Eftat, Nous y eftant; par lequel, en prononçant fur la conteftation qui eftoit entre la Compagnie des Indes d'une part, & le Sieur Vanhée Negociant de la Ville de Dunquerque, correfpondant du *Sieur* Andrioli fujet Milanois, Negociant à Amfter-dam d'autre, au fujet d'une faifie de Cinq cens trente-fix Balles de Café faite audit Dunquerque où elles eftoient entrées par Mer, au prejudice du Privilege ex-clufif de ladite Compagnie des Indes, Nous avons or-donné l'execution dans les Port & Ville de Dunquer-que, des Declaration des mois d'Aouft 1664. Edit du mois de May 1719. Arreft du 31. Aouft 1723. De-claration du 10. Octobre fuivant, & Edit du mois de Juin 1725. concernant le Commerce de ladite Com-pagnie des Indes, & notamment fon Privilege exclufif touchant l'introduction & la vente du Café dans le Royaume; & enjoint à tous Juges & Officiers de Jufti-ce qu'il appartiendroit dans la Ville de Dunquerque, d'y tenir la main. A ces Causes, Nous vous mandons & enjoignons par ces Prefentes fignées de Nous, de tenir, chacun en droit foy, la main à l'execution dudit Arreft de noftre Confeil du 29. Novembre 1729. & de celuy de cejourd'huy. Commandons au premier noftre Huif-fier ou Sergent fur ce requis, de fignifier ledit Arreft du 29. Novembre 1729. avec celuy de cejourd'huy, à tous qu'il appartiendra, à ce que perfonne n'en ignore, & de faire pour fon entiere execution, tous Actes & Exploits neceffaires fans autre permiffion, nonobftant Clameur de Haro, Charte Normande & Lettres à ce contraires. Voulons qu'aux Copies defdits Arrefts & des Prefentes, collationnées par l'un de nos amez & feaux Confeillers-Secretaires, foy foit ajouftée comme aux Originaux ; CAR TEL EST NOSTRE PLAISIR. Donné à Verfailles le dix-feptieme jour de Janvier, l'an de grace mil fept cens trente, & de noftre Regne le quinzieme. *Signé* LOUIS. *Et plus bas,* par le Roy Dauphin, Comte de Provence. *Signé* BAÜYN. Et fcellé.

POUR LE ROY. { *Collationné aux Originaux par Nous Confeiller-Secretaire du Roy, Maifon Couronne de France & de fes Finances.*

Robin